LK 1315.

DES ANCIENNES MAISONS

DE LA

VILLE DE BOURG.

(Fragment lu à la Société impériale d'Emulation de l'Ain, par M. Et. MILLIET, Membre de cette Société.)

BOURG-EN-BRESSE,
IMPRIMERIE DE MILLIET-BOTTIER.

1858.

DES ANCIENNES MAISONS DE BOURG.

I.

La première moitié du siècle actuel a vu disparaître un grand nombre d'anciennes maisons, en même temps qu'elle a vu aussi s'améliorer considérablement et s'embellir l'intérieur de la cité. Des rues étroites ont été démolies, des passages infects et des impasses malpropres sont devenus des rues larges et bien aérées. — Ainsi, par exemple, du côté de la place du Greffe se trouvait une voûte conduisant au palais de justice; elle a disparu pour voir s'élever d'un côté l'*Hôtel du Palais*, et démasquer de l'autre les boiseries fort remarquables de la maison Jayr. M. de Saint-Didier a donné dans l'*Album de l'Ain* une vue exacte de ce passage sombre et étroit, tel qu'il se voyait autrefois.

Là où est actuellement la place Neuve, se trouvait un puits énorme, environné de cloaques avec des passages voûtés tout autour, tandis qu'aujourd'hui la place Neuve est un des endroits les plus gais et les plus commerçants de la cité.

Vers le milieu de la rue des Halles, il y avait une voûte obscure conduisant à la porte latérale de l'église Notre-Dame ; maintenant c'est la rue Bernard qui laisse arriver sur cette partie de la ville l'air purifiant du Nord.

Enfin l'église Notre-Dame a été complètement dégagée sur tout le côté méridional, et l'œil peut mesurer d'une manière complète la belle et imposante dimension de cet édifice, depuis le chevet jusqu'à la façade.

Deux faubourgs sont dignes d'une grande cité : c'est le faubourg des Quatre-Vents qui mène à la bifurcation des routes du Jura et du Revermont, et le faubourg Saint-Nicolas qui conduit jusqu'à l'église de Brou. Une belle ligne de catalpas a été plantée récemment sur la partie du cours qui longe les murs de l'hôpital, et sera poussée jusqu'à Brou.

Partout, dans l'intérieur comme sur les boulevards qui entourent la ville, on a fait des trottoirs en asphalte ou en simple béton qui rendent plus facile la circulation et la marche des promeneurs.

Plusieurs des rues de Bourg portent encore des noms qui rappellent les établissements primitifs qui y furent fondés, telles sont les rues du Gouvernement, Prévôté, des Halles, des Ursules, des Cordeliers, Vieille-Charité. Les rues Teynière, des Lices, Bourgmayer, Verchère sont les plus anciennes; mais elles se sont rajeunies par des constructions modernes. Beaucoup de rues sont maintenant bien alignées et ne manquent pas de perspective.

Nous allons indiquer quelques spécimens des plus curieuses maisons de Bourg, et dont la construction remonte aux 14e, 15e et 16e siècles; c'est un dernier souvenir de l'époque où la Bresse était sous le gouvernement des princes de Savoie.

Je signalerai surtout à l'angle de la place du Greffe et de la rue des Prisons, une très-ancienne maison à deux étages, en compartiments de bois, sculptés et historiés. Cette maison est citée, suivant M. Sirand, dans un acte de 1400, et il est probable qu'elle était l'habitation de Laurent de Gorrevod : c'était, en effet, pour l'époque une résidence princière.

Cette construction, avec une tour à encorbellement, qui la surmontait jadis, est tout-à-fait digne de fixer l'attention des artistes et des voyageurs. Elle est un beau reste de la richesse des habitations les plus remarquables de cette époque où les bois n'étaient pas rares et où les forêts s'avançaient jusqu'aux portes de la ville. Les montants qui font saillie sur l'ensemble de la construction sont comme autant de colonnettes ornées et taillées, et ce qui en fait le mérite, c'est que les dessins varient presque sur chaque compartiment : l'effet général est très-bizarre et très-pittoresque ; il est véritablement à désirer que quelque dessin bien exécuté lègue à nos descendants ce précieux spécimen des constructions de nos ancêtres. Les étages se superposent avec l'encorbellement que revêtaient presque toutes les habitations d'autrefois dans les villes ceintes de murailles.

C'est dans cette maison que fonctionnèrent de 1626 à 1661 les presses des Tainturier, premiers imprimeurs de Bourg, dont plusieurs éditions, rares et très-soignées, sont aujourd'hui fort recherchées des bibliophiles.

Une autre maison du même style, mais cependant moins ornementée, est celle de M. Hugon, faisant l'angle de la rue Pêcherie et de la rue du Gouvernement; elle est également construite avec des compartiments de bois faisant saillie. Elle a le cachet moyen-âge et porte la date de sa construction, 1496. Elle est d'une structure assez singulière pour fixer aussi l'attention des étrangers.

Ces maisons, ainsi que d'autres de la même forme, plus ou moins remarquables, sont antérieures à la fondation des grands édifices religieux qui ont marqué parmi nous l'art du moyen-âge.

Il est, dans cette même rue du Gouvernement, un intérieur de cour du plus délicieux effet et qui a déjà excité la curiosité de nombreux artistes.

Dans une maison de nulle apparence au dehors, au n° 24, on découvre un intérieur de cour qui est comme un bijou enfoui au milieu de mâsures. Nous allons essayer de le décrire succinctement.

A droite, un puits sous une vaste arcade à plein cintre.

Tout à côté, une porte ogivale ornée et surmontée de choux; des deux côtés, des colonnettes dont la délicatesse a été altérée par le temps. Au-dessus de l'amortissement ogival se voit une sorte de niche finement travaillée où l'on plaçait le soir une lampe éclairant tout à la fois la cour et l'escalier conduisant aux appartements.

A gauche, une pierre portant des signes abréviatifs de quelque confrérie ouvrière du moyen-âge.

A droite, au premier étage, on aperçoit des arcatures où se dessinent des nervures et des écussons très-effacés, des portes à arcs surbaissés.

L'œil découvre au second étage des arcades du style flamboyant. J'ai vu une femme en briser quelques parties pour mieux étendre son linge. Quel dommage !

Une pièce de cet intérieur est vaste et ornée de vitraux en grisaille qui disparaissent malheureusement chaque jour. Une vaste cheminée en forme le fond. Sur un vitrail à droite, on voit la sainte Vierge, saint Joseph et l'Enfant Jésus. Sur un médaillon, et avec des armoiries, il y a des grappes de raisins, autour desquelles on lit ces mots : *Plus content qui bien le boit.* D'autres inscriptions en lettres gothiques sont plus ou moins déchiffrables ; toutefois on lit très-bien les mots : ASPICE FINEM, en belles lettres romaines.

Cette demeure est occupée aujourd'hui par des ouvriers qui n'ont nul intérêt à ménager les vestiges d'architecture qui la rendent si précieuse.

C'était là sans doute une maison luxueuse du temps. Son architecture et son ornementation paraissent être à peu près de l'époque de l'église des Jacobins, dont la fondation remonte à l'année 1414. Qui n'a admiré un portail de cet édifice religieux à côté de la fontaine des Jacobins, à l'angle des rues Bourgneuf et Verchère ? Il a été dessiné avec beaucoup d'exactitude par M. Leymarie dans l'*Album de l'Ain*, où nous l'avons accompagné d'une Notice sur l'église même des Jacobins.

La maison que nous venons de décrire dépendait probablement d'un couvent du voisinage et servait de demeure à quelque dignitaire religieux. Nous serions porté à croire que ce précieux débris dépendait du couvent des Cordeliers qui y aboutissait, et qui fut fondé en 1356. Peut-être était-ce la demeure d'un grand dignitaire religieux?

Il existe encore plusieurs maisons avec tourelles qui produisent un très-bel effet.

Notre génération a gardé souvenir de la Tour des Champs, singulier édifice en briques savoyardes, qui se trouvait presque à l'entrée de la place Bernard, sur l'axe de la rue qui longe la bibliothèque publique. La démolition de cette tour a excité les regrets de nos poètes et de nos antiquaires. On peut en retrouver encore quelques vieux dessins.

Presqu'au milieu de la rue Bourgmayer, la maison appartenant aujourd'hui à Mlle Rodet, présente une tourelle bien conservée, au-dessous de laquelle on lit sur un écusson le millésime de 1627 parfaitement écrit.

Dans la rue Teynière, la maison qui est actuellement la propriété de M. Gerland, est aussi flanquée d'une assez jolie tourelle. Vue à quelque distance, elle peut fournir à l'artiste un dessin qui aurait bien son mérite. Cette maison fut celle qu'habita l'historien Guichenon qui, le premier, recueillit les documents les plus importants de nos annales de Bresse, et qui écrivait en 1650.

Un peu au-dessous, du côté de la ville, on on apercevra devant la fontaine de l'Olivier, sur une petite place, une autre tourelle peu élevée, qui donnerait le premier plan du joli croquis de la maison de Guichenon, prise de ce côté.

L'hôtel de Montburon, construction bizarre, formée de bâtiments juxta-posés, présente encore une tourelle d'un effet très-pittoresque : de ce point on a une échappée qui embrasse le Bastion et le prolongement de la rue des Lices jusqu'à la place Bernard. C'est aujourd'hui un des plus beaux sujets de vue de l'intérieur de la ville ; le crayon de l'artiste saura en saisir les perspectives variées. La place des Lices a reçu, dit-on, son nom d'un combat en champ-clos qui eut lieu en cet endroit entre Othon de Grandson et Gérard de Stavayer, en 1398.

La date de 1627 que nous avons signalée au bas de la tourelle de Mlle Rodet se lisait aussi sur une porte de la maison O'Brien, démolie pour faire place à la maison Burjoud, au-dessus de la place du Greffe.

Cette date nous fixe donc sur l'époque de ces constructions. Ainsi ces tourelles n'appartenaient pas à notre système de fortifications, puisque la citadelle de Bourg, ou fort Saint-Maurice, fut démolie en 1611. La position de ces tourelles prouve aussi qu'elles se trouvaient tout-à-fait en-dedans de l'enceinte fortifiée.

J'adopterai volontiers l'opinion qui porte que ce n'était là qu'un objet d'ornement. On sait, en effet, qu'à une certaine époque les maisons des familles nobles étaient généralement ornées de tourelles : c'était même un privilége qu'elles seules possédaient.

II.

Après les maisons qui présentent plus ou moins des traces de l'architecture gothique, il faut indiquer aux visiteurs celles qui peuvent appartenir à la renaissance et qui ont bien aussi leur prix. Les croisées sont en pierres ; elles sont larges et à moulures en saillie, multipliées et très-gracieuses ; le jour y arrive abondamment : c'est déjà un immense progrès sur ces maisons obscures et à maigres ouvertures du moyen-âge. Celles que nous signalons doivent être postérieures au règne de François Ier, alors qu'à la suite de nos guerres d'Italie, les princes et les artistes rapportèrent toute une autre architecture, même pour les constructions particulières. Cependant il en est qui sont contemporaines du règne de ce prince. Les magnifiques travaux accomplis à l'église de Brou durent aussi donner un élan et une élégance nouvelle à l'art des constructions dans notre ville.

Un des plus gracieux échantillons de ces maisons se trouve en montant la rue Teynière, au n° 9, vis-à-vis la maison de M. de Gerland. La taille et la coupe de ces ouvertures mériteraient les honneurs du dessin ; elles ont d'ailleurs une grande ressemblance avec celle que M. Leymarie a donnée dans l'*Album de l'Ain*, et dont il avait pris le croquis en passant à Meximieux. Cet artiste intelligent admirait beaucoup la forme distinguée de ces ouvertures.

On peut assigner encore, comme appartenant à la même époque et ayant un certain mérite artistique, la maison de M. Dufour, faisant l'angle de la place du Greffe et de la rue de l'Etoile, où était établie la chancellerie de Savoie, et quelques autres, situées au milieu de la rue des Halles, côté du midi, aux n°ˢ 12, 14, 16 et 18. Toutes les croisées de ces maisons sont larges, élégantes, et souvent une colonnette fait saillie de chaque côté. Dans l'intérieur, les corridors sont parfois à nervures très-accusées; les portes présentent un arc surbaissé, au milieu duquel se trouve souvent une forme d'écusson avec armoiries.

Deux de ces maisons ont des intérieurs de cour assez curieux. Dans l'une et l'autre, deux tourelles en briques, à fenêtres plus ou moins ornementées, contiennent les escaliers qui desservent les étages. La maison portant le n° 16 a sur sa cour des fenêtres à meneaux bien conservés. Elle a trois galeries superposées avec nervures sculptées. En les visitant dernièrement nous avons trouvé sur un écusson servant de clef de voûte à la première galerie la date de 1522, année de la construction de la maison.

Ces intérieurs de cour ont beaucoup d'analogie avec celui de la rue du Gouvernement dont nous avons déjà parlé, quoique moins beau que celui-ci. Le grand nombre d'écussons que l'on rencontre partout dans ces maisons semble prouver que leurs propriétaires étaient des personnages importants dans l'ancienne société de notre ville.

A l'angle de la rue des Halles et de la rue Prévôté, la maison du boulanger Chambaud porte des traces fort anciennes ; elle est ornée encore de quelques vitraux armoriés. Cette maison était probablement la dernière de la ville, vers la porte des Halles; elle montre des vestiges de coup d'arquebuses et de mitraille. M. de Lateyssonnière affirme que les empreintes qui se remarquent sur ces murailles datent de l'attaque faite en 1557 par Polvilliers vers la porte des Halles. Quoi qu'il en soit, cette façade recevant aujourd'hui la lumière de divers côtés est assez curieuse à étudier pour la forme de ses croisées à meneaux.

L'artiste distinguera facilement ces constructions qui, dépouillées presque généralement de leurs meneaux, présentent des proportions très-larges et encore parfaitement harmoniées.

Au milieu de la rue Bourgneuf, et immédiatement après l'impasse St-Dominique, on aperçoit, au n° 34, une maison qui a conservé toute la forme primitive des croisées-renaissance. Les meneaux n'ont point été coupés et le premier étage se présente tout-à-fait avec son aspect du temps de la construction. Entre les deux fenêtres et sur l'arête de la maison existent encore des culs-de-lampe probablement destinés à supporter une madone.

Il y eut un évêché à Bourg en 1515 ; supprimé en 1516, il fut rétabli en 1535 et supprimé de nouveau dans la même année. La résidence de l'évêque était située rue Cropet ; elle est connue aujourd'hui sous le nom de maison Reydellet, et fait l'angle de la rue Cropet et du passage pratiqué dans le jardin Varenne de Fenille : ce qui reste de cette habitation est plus que simple et n'a aucun caractère.

Vers le milieu de la rue du Gouvernement, au n° 17, presque vis-à-vis la demeure gothique déjà signalée, se trouve la maison qui appartenait jadis à M. de Choin, qui fut gouverneur de la ville ; elle présente, dans son intérieur, de belles arcatures, qui respirent le luxe d'une autre époque. Plus tard cette maison devint la propriété de M. de Champdor.

Dans la rue des Cordeliers (autrefois rue de la Juiverie) on voit une maison n° 5, dont la façade est ornée d'une sorte de balustrade en pierres. Elle a été bâtie avec les débris de l'ancien couvent des Cordeliers ; les marches de l'escalier intérieur ont été faites avec des pierres portant des inscriptions tumulaires et des noms de familles : ces pierres proviennent sans doute d'un cimetière joignant le couvent.

Naguère encore, le propriétaire actuel de la maison faisant fouiller le sol, derrière son habitation, pour se créer un jardin, les ouvriers ont trouvé des ossements et découvert plusieurs tombeaux.

La maison Bon sur la montée du Bastion était le local affecté au jeu de l'arquebuse. Ce jeu occupait une grande place dans les loisirs de nos ancêtres ; il y avait des réunions fréquentes et des réglements très-compliqués. M. Sirand a donné dans ses *Courses archéologiques* et se propose de publier encore des détails historiques plus étendus sur les diverses sociétés de l'arquebuse du département de l'Ain.

III.

Passons maintenant à un autre genre de constructions, à celles qu'on pourrait appeler du style Louis XV.

Un chapitre particulier sera consacré à nos édifices publics de la ville de Bourg, qui, presque tous, ont été élevés dans le cours du siècle dernier.

L'hôtel-de-ville a été construit en 1771 et a remplacé l'ancienne maison commune, qui était située, au temps des syndics, rue Notre-Dame, sur l'emplacement de la maison Aynard, aujourd'hui maison Gay.

Avant la construction du théâtre actuel, qui date de 1776, la salle des représentations se trouvait placée rue Vieille-Charité, dans un bâtiment attenant aux écuries municipales, qui n'existent plus aujourd'hui.

En 1750 fut élevé l'hôtel de la province, qui devint la préfecture à la formation des départements. — Notre bel hôpital ne date que de 1781. — Il y eut donc un grand élan de construction pendant cette période d'années.

M. de Lateyssonnière dit que presque toutes les belles maisons particulières de la ville ont été élevées pendant le demi-siècle qui s'est écoulé de 1750 à 1780. Ces constructions sont peu nombreuses, et parmi celles qui ont frappé l'attention des voyageurs, on peut citer l'hôtel Marron de Meillonnas, construit en 1776.

« La reine des maisons particulières de Bourg, dit M. Joseph Bard, est l'ancien hôtel de Meillonnas, formant aujourd'hui le monastère de la Visitation. La façade de cet hôtel est une des plus belles épreuves de l'art du 18e siècle. »

On peut en dire autant de l'ancienne maison Bottier, appartenant aujourd'hui à son petit-fils,

M. Martin, avocat; elle est occupée en grande partie par le Cercle de la ville; c'est l'ancien hôtel de M. de Bohan construit par M. de St-Germain, dont les initiales enlacées sont placées dans l'imposte de la porte principale : c'était la résidence que choisissaient les proconsuls que la Convention envoyait dans le département. C'est là que demeurait le trop fameux Albitte. « Du seuil de cette maison richement profilée, dit encore M. Joseph Bard, on voit le clocher de Notre-Dame dans toute la plénitude de ses effets oculaires. »

La rue Bourgmayer, la plus silencieuse et la plus calme, est aussi la plus riche en constructions modernes, unissant l'élégance à la simplicité; il y a les hôtels de Belvey, de la Bévière, de Loras, les anciennes maisons Chevrier, de Bohan et de Lateyssonnière; puis après avoir dépassé la caserne placée dans l'ancien couvent de la Visitation, on se trouvera en face d'une boutique avec portes cintrées, faisant angle à la ruelle du Bastion; c'est un échantillon du vieux Bourg qui a été signalé à plusieurs dessinateurs.

Vers le milieu de la rue Cropet est placé l'ancien hôtel de M. Varenne de Fenille, occupé aujourd'hui par l'établissement des Frères de la Croix. M. Varenne de Fenille père (1) était un des plus savants agronomes et silviculteurs de France. Un magnifique jardin, où étaient réunis les arbustes et les arbres les plus rares, apportés des contrées lointaines, entourait l'hôtel. Toute cette création, qui avait coûté tant de soins, a été en grande partie détruite pour le percement de rues étroites, tortueuses et encore inhabitées. Il n'en reste que peu de vestiges dans le jardin des Frères de la Croix.

Dans la rue Notre-Dame, la maison appartenant aujourd'hui à M. Moizin, était possédée jadis par le seigneur de Lucinges, descendant d'un des principaux négociateurs du traité de 1601, qui réunit nos provinces à la France. Il y a dans cette demeure, dont la façade a été refaite il y a quelques années, un beau et vaste salon décoré de tapisseries d'Aubusson.

Une école d'horlogerie fut établie à Bourg, pendant le siècle dernier, dans la maison Chossat de Saint-Sulpice, où est aujourd'hui le pensionnat de Mlle Deville.

La façade de la maison Dumarché, place du

---

(1) M. Varenne de Fenille et M. Marron de Meillonnas ont payé de leur tête, à Lyon, en 1793, leurs titres de noblesse.

Greffe, ne manque pas de distinction avec ses beaux balcons et des têtes taillées sur les cintres du rez-de-chaussée. Dans l'intérieur, la salle à manger est ornée de cuirs de Cordoue très-anciens, avec figures frappées, et des peintures précieuses. — Une maison de la rue Clavagry porte encore le chiffre de sa construction, 1688.

Dans la partie élevée de la ville, et dans la rue Lalande, on apercevra la maison où est né le célèbre astronome de ce nom. On y a placé sur un marbre cette inscription : ICI EST NÉ JÉRÔME LALANDE LE 11 JUILLET 1732. La vétusté et les cassures de ce marbre exigeront bientôt son remplacement : c'est un devoir d'y veiller.

Presque vis-à-vis, il y a une maison où serpente une glycine et dont la façade principale regarde le midi : c'est là qu'habitait le poète Gabriel de Moyria qui a chanté si gracieusement nos anciens monuments, nos sites et nos vieilles abbayes ; il n'a jamais voulu quitter la Bresse qu'il aimait et qui l'appelait son Virgile.

En poussant plus haut jusqu'à l'entrée du Mail, on distinguera sur la droite une maison carrée, occupée aujourd'hui par le commandant Pelliat ; c'était là l'Observatoire du savant astronome Lalande, ainsi que l'indique cette inscription sur marbre placée sous les balcons : *Observatoire*, 1792, date assez remarquable pour cette sorte de construction.

En redescendant et vis-à-vis la nouvelle préfecture, on remarquera peut-être une sorte de pyramide, ombragée par des platanes ; c'est un petit monument élevé à la mémoire du général Joubert, tué à la bataille de Novi en 1799. Cette pyramide est bien pauvre, peu digne d'une ville et du général Joubert. Heureusement la ville de Pont-de-Vaux où est né le vaillant capitaine lui a érigé, il y a quelques années, une statue en marbre, œuvre de Legendre-Hérald.

Plusieurs auberges traditionnelles, et fort fréquentées jadis des habitants des campagnes, ont disparu dans cet abattis de maisons anciennes ; il faut citer les *Trois Pigeons* au-delà du pont des Halles, le *Raisin* vers la place Neuve, et le *Lion d'Or* au bas de la rue Teynière. Des hôtels plus confortables ont pris désormais leur place : il n'y avait d'ailleurs rien de bien caractéristique dans leur forme, et l'art n'y a rien perdu.

Dans cette revue, nous nous sommes appliqué à faire ressortir plutôt ce qui peut se voir encore et frapper les yeux que ce qui a pu exister. De rares dessins, disséminés dans quelques ouvrages, seront consultés par les personnes qui voudront retrouver les vestiges du Bourg ancien et les édifices religieux qui ont été détruits ou ont subi une transformation trop complète par suite de la dispersion des couvents et monastères en 1793.

Il y a un plan gravé de la ville de Bourg, corrigé par M. de Lalande en 1786 ; il indique avec exactitude toutes les anciennes fortifications de la ville, les fondations religieuses, les établissements, les hôtels et maisons les plus remarquables qui existaient alors. Il est facile de se procurer un exemplaire de ce plan, réimprimé par les soins de M. de Lateyssonnière, auteur des *Recherches historiques sur le département de l'Ain* (1).

Sans doute il est permis de regretter, comme souvenirs, la disparition de nos plus belles maisons moyen-âge, construites à encorbellements ou bien encore avec leurs singuliers auvents qui abritaient nos pères. Ces formes de constructions étaient cependant peu favorables à l'hygiène publique, car elles avaient l'inconvénient d'entretenir l'humidité dans les rues, d'empêcher la circulation de l'air et

---

(1) La planche de ce plan est conservée aux archives de la mairie de Bourg.

de la lumière. Qui pourrait ne pas se féliciter aujourd'hui de voir nos rues alignées et élargies, nos maisons proprettes, nos magasins avec d'élégantes devantures, enrichies de colonnettes sculptées, et presque partout des trottoirs en asphalte conduisant du centre de la ville à nos promenades et à nos avenues ?

Je ne vous dirai point avec M. Joseph Bard, qui nous flatte beaucoup trop, « la ville de Bourg a comme Rome son *Corso*, comme Londres son *Strand*, ou comme Marseille sa Cannebière dans la rue Notre-Dame, ornée de larges trottoirs, de candélabres de gaz, et qui se détache de la place d'Armes pour aller en droite ligne à l'église paroissiale; qu'elle a son faubourg Saint-Germain dans la rue Bourgmayer, toute peuplée de nobles hôtels, enfin qu'elle a sa Chaussée-d'Antin dans les quartiers des places Joubert et du Bastion. »

J'aime mieux vous répéter ces paroles que Thomas Riboud écrivait en 1801 dans un mémoire consacré aux établissements de notre ville :

« On ne trouve point à Bourg de luxe en logements, ameublements, chevaux ou voitures.

« On y vit avec simplicité et agrément ; les mœurs

y sont douces, le caractère des habitants est bon, accueillant, hospitalier. »

M. Th. Riboud ne se doutait pas que nous ne serions plus en 1857 qu'à deux heures de Lyon et à dix heures de Paris par une voie ferrée, qu'alors nous participerions aussi au luxe des logements, des ameublements et au confortable des grandes cités.

Sachons lui gré d'avoir écrit sur la ville de Bourg plusieurs Mémoires historiques ou statistiques, collection précieuse à consulter pour ceux qui voudront étudier le vieux Bourg, et souhaitons que ce qu'il dit de nos mœurs hospitalières reste toujours une vérité.

———

La ville de Bourg compte 71 rues, places, ruelles, impasses et boulevards.

Il y a mille soixante-deux maisons.

Elle est éclairée par 139 becs de gaz : ce nouveau mode d'éclairage a été introduit le 1er mai 1843.

La même année, on a commencé l'établissement des trottoirs en asphalte de Seyssel : c'est en mai

1843 qu'ont été posés les trottoirs de la rue Notre-Dame, qui furent les premiers de la ville. Depuis, la plupart des rues un peu passagères en ont été dotées.

Les trottoirs en simple béton qui conduisent aux faubourgs ont été établis pendant les années 1856, 1857 et 1858.

La ville de Bourg est alimentée actuellement par sept fontaines jaillissantes et quinze pompes publiques, sans compter beaucoup de pompes particulières.

www.ingramcontent.com/pod-product-compliance
Lightning Source LLC
Chambersburg PA
CBHW060907050426
42453CB00010B/1588